Lena Widmann

On connait la chanson

GRIN Verlag

Bibliografische Information der Deutschen Nationalbibliothek:

Die Deutsche Bibliothek verzeichnet diese Publikation in der Deutschen National-bibliografie; detaillierte bibliografische Daten sind im Internet über http://dnb.d-nb.de/ abrufbar.

Imprint:

Copyright © 2011 GRIN Verlag GmbH
Druck und Bindung: Books on Demand GmbH, Norderstedt Germany
ISBN: 978-3-656-60460-0

This book at GRIN:

http://www.grin.com/fr/e-book/269319/on-connait-la-chanson

GRIN - Your knowledge has value

Der GRIN Verlag publiziert seit 1998 wissenschaftliche Arbeiten von Studenten, Hochschullehrern und anderen Akademikern als eBook und gedrucktes Buch. Die Verlagswebsite www.grin.com ist die ideale Plattform zur Veröffentlichung von Hausarbeiten, Abschlussarbeiten, wissenschaftlichen Aufsätzen, Dissertationen und Fachbüchern.

Visit us on the internet:

http://www.grin.com/

http://www.facebook.com/grincom

http://www.twitter.com/grin_com

On connait la chanson

Inhalt/Aufbau des Referates

1. Vorstellung

Cher Monsieur, chère classe,

Nous voulons vous présenter notre exposé sur le thème « on connait la chanson ».
N´hésitez pas de poser des questions à la fin, et notre groupe a aussi préparé
quelques questions pour vous.

Moi, je veux vous présenter le déroulement de notre expose, pour que vous puissiez
vous orienter mieux.
Donc, le premier point de notre exposé c´est l´histoire en bref, parce que tout le
monde a vu le film.
Le prochain point sont les distinctions, on connait la chanson a reçu plusieurs prix.
Nous voulons vous raconter quelques choses sur les charactères, les relations
amoureuses et les relations personnelles.
On a aussi analysé des costumes.
La musique, les interpréteurs et les chansons jouent des points très importants dans
notre exposé.

2. L´histoire

La personnage principale du film c´est Odile Lalande. Elle a une sœur qui s´appelle Camille. Celle-ci fait des visites de la ville pour des touristes et elle est aussi étudiante de l´histoire. Après son travaille comme guide, elle retrouve par hasard un homme, Nicolas, qui était ensemble avec sa sœur Odile il y a longtemps. Il y a des années qu´il est parti de Paris, Nicolas et Camille étaient ensemble et n´ont pas eues des nouvelles depuis longtemps. Nicolas a une famille et aussi des enfants, Odile est aussi mariée.

Nicolas et Odile se retrouvent à la maison d´Odile pour le diner, aussi avec son mari, Claude. Claude est vraiment jaloux à Nicolas.

A ce moment- là il s´agit d´une scène bizarre : tout à coup, Nicolas a vraiment chaud, il ne peut plus respirer. On peut interpréter a ce scène que Nicolas veut l´attention d´Odile parce qu´il est encore un peu amoureux a Odile, c´est très dur pour lui que la femme qu´il aime a un mari et qu´elle ne va jamais être ensemble avec lui.

La journée après, Nicolas va chez le médecin, mais il a rien, le docteur dit qu´il faut il se détendre un peu.

La scène suivante est aussi très bizarre : il y a un accident dans la rue, un homme âgé est blessé. Odile voit l´accident, elle devient témoin oculaire. Odile aide l´homme et parle avec lui. Apres l´accident, ils vont dans un café ensemble pour boire de l´eau de vie.

La journée après, Odile voulait se retrouver avec un autre homme, Marc, mais il ne vient pas parce qu´il a juste quitté sa femme. Sa sœur Camille le retrouve en pleurant, elle a beaucoup de pitié. Ceux-ci vont dans un appartement vide et il a l´air que Camille est amoureuse de Marc.

Nicolas veut aussi acheter un nouvel appartement et déménager à Paris. Tout à coup, Odile veut aussi déménager avec son mari Claude, avec l´aide de Nicolas ils veulent trouver un appartement. Donc, Odile envoie un cheque, des fleurs et du chocolat à Nicolas pour lui mercier de son aide, mais malheureusement elle les envoie à une autre famille.

Nicolas pense qu´il est malade, qu´il a le cancer, il va chez le docteur mais on lui donne seulement des vitamines.

Camille est aussi malade, elle a des problèmes avec la circulation, elle ne peut plus respirer et elle devient très pale, mais c´est sur que Camille a des dépressions.

Dans la dernière scène du film tout le monde se dispute. Nicolas est fâché, parce qu´il pense qu´il a le cancer, Camille est fâché parce qu´elle a des dépressions et des difficultés avec son amour Marc, et Odile a aussi des problèmes avec son mari.

3. Distinctions

Le musical „on connait la chanson" a reçu plusieurs prix.

En 1997, le musical a reçu le « Louis-Delluc-Prix » qui est un prix français national pour le meilleur film.

En 1998 le film a gagné l´ours en argent à la Berlinale. Les prix les plus importants de la « Berlinale » sont l´ours en or et l´ours en argent. Ils comptent aux plus célèbres prix du monde de film. Il y a un jury qui donne ces prix aux nominés. La Berlinale est un des plus importants événements de l´industrie de cinéma internationale. (cf. Internationale Filmfestspiele Berlin (1998))

Dans la même année, donc en 1998 le film a gagné aussi 7 Césars

- du meilleur film
- du meilleur acteur (André Dussollier qui joue Simon)
- du meilleur acteur dans un second rôle (Jean- Pierre Bacri qui joue Nicolas)
- de la meilleure actrice dans un second rôle (Agnès Jaoui qui joue Camille)
- du meilleur découpage
- du meilleur son
- du meilleur montage (cf. G+J Entertainment (1998))

4. Les relations entre les personnages

Dans ce film il s´agit de six personnages et leur rencontres et conflits. Chaque personne a un problème et cache ses sentiments. Ce qu'on peut remarquer très vite en voyant le film « On connait la chanson » c'est que les représentations de l'amour sont plutôt banales et traditionnelles. Donc, si on examine ces représentations dans ce film à la loupe, on ne voit pas des relations atypiques ou bizarres, comme par exemple des couples homosexuelles ou une femme riche étant ensemble avec un homme pauvre. (cf. Fahle (2008), p. 37)

En général, on peut dire que de nombreux personnages souffrent d'effets de confusion identitaire dont ils font l'objet. Presque tous les personnages cachent quelque chose, soit sa profession (Nicolas qui est en effet chauffeur de taxi ou Simon qui prétend d´être écrivain des pièces pour la radio), soit sa dépression (Camille et aussi Nicolas).

Alors, Resnais a opté pour des représentations de l'amour plutôt simple, mais montre tout de même les mauvais aspects de l'amour. Par exemple Simon, qui est un amoureux malheureux, Claude n´est pas contente de sa relation avec Odile, Nicolas a des problèmes avec sa femme et même pour Marc et Camille ce n'est pas le grand amour. (cf. ibid. p. 37ff)

4a.) Odile et Camille

Odile et Camille sont des sœurs complètement différentes, elles forment une paire antagoniste.

Alors qu`Odile, jouée par Sabine Azéma, l´ainée, est caractérisée comme un personnage très stéréotypé.

Source:http://filminccom.siteprotect.net/archive/wrt/ /62000/resnais/resnais.htm

Elle est très attractive et belle, elle est plutôt active et dynamique, mais ne brille pas avec son intelligence.

Sa sœur Camille, jouée par Agnès Jaoui, est en train d`écrire son thèse d`un sujet qui n`intéresse personne et ne sait pas ce qu`elle va faire après. Elle a un caractère très différente de sa sœur : elle est vraiment intelligente, cultivée, simple, timide, calme et parfois elle a l`air d´être un peu conservative. En tout cas, elle semble être insatisfaite et ennuyée de sa vie.

Au contraire d´Odile, celle-ci est dynamique et ouvert, elle est une femme qui montre ses sentiments. Une chose commune entre Camille et Odile c´est qu´elles ont toutes les deux des problèmes dans ses vies. Camille souffre des dépressions et des malaises, Odile a beaucoup des difficultés avec son mari Claude. De temps en temps, Odile se comporte comme une mère envers Camille, en particulier quand Camille ne se sent pas à l`aise et Odile essaie de la réconforter. A la fin, Camille avoue finalement qu`elle souffre des dépressions, ce qui s`exprime en outre par une impression de tomber, de ne plus vouloir sortir et travailler. (cf. Hartwig (2008), p. 145-159)

4b.) Odile et Claude

Odile et Claude sont un couple routinier.

Claude, joué par Pierre Arditi, semble être plutôt passive et calme. Même-s´il veut se séparer d´Odile, il devient vraiment jaloux, quand il fait la connaissance de Nicolas. Il a peur de perdre sa femme, parce qu´il voit, qu´elle est heureuse avec lui.

Pendant le film, il semble que l`amour disparait de plus en plus et à la fin on apprend que Claude veut la quitter. Mais finalement, malgré son projet (je suis venu te dire que je m`en vais), il ne l`ose pas et la vie habituelle continue comme si rien ne s`était passé. De plus, Odile observe Claude avec une autre femme dans une voiture. Elle est très naïve et ne réalise pas, que c`est vraiment lui. Dans quelques scènes, on a aussi l`impression qu`Odile est un peu fatigué de Claude. (cf. ibid.)

4c.) Nicolas et Odile

Nicolas est le premier amour d`Odile.
Nicolas, joué par Jean-Pierre Bacri, est un hypocondriaque. Il consulte beaucoup des médecins, mais personne ne peut l´aider.
Au début, il pense qu´il souffre d´un maladie, mais a la fin il est sur qu´il a un

Source : screenshot

cancer. Mais les médecins se sont unis, il souffre de rien.

Quand il revient à Paris après quelques années, on a l`impression que Claude est très jaloux, parce que la relation entre Odile et Nicolas est encore très étroite. Dans plusieurs scènes on peut remarquer qu`ils se connaissent encore très bien.

Nicolas, lui, est marié, mais quand sa femme vient à Paris, ils se disputent due à son attitude de « tout va bien, il n`y a aucun problème » et c`est la raison pour laquelle elle dit que cela ne peut pas continuer comme ca. On croit souvent qu`il trompe sa femme, mais ce -n`est pas vrai. Mais en fait, c´est sur qu´il y a quelque chose entre Odile et lui. (cf. ibid.)

4d.) Simon et Camille

Simon, joué par André Dussollier, est l´
employé de Marc et il est amoureux de
Camille. Ce fait c´est aussi montré par
les chansons de sa part. Au public,
Simon dit toujours qu`il écrit des pièces
pour la radio. Il est sympathique,
attentif, sincère et patient.

Source : http ://www.critikat.com/On-connait-
lachanson.html

Une amitié se développe entre ces deux personnages. Camille a beaucoup de
confiance de Simon, elle avoue qu`elle souffre des dépressions. Il la raconte qu`il les a
aussi depuis quatre ans et ils échangent quelques expériences.

Comme Camille, Simon est aussi cultivé et il même tombe amoureux d`elle, étant
fasciné par son intelligence et sa nature en général. (cf. ibid.)

4e.) Marc et Camille

En ce qui concerne la relation entre
Camille et Marc, il est évident qu`ils
sont tous les deux attirés de l`autre.
Quand même, Marc s`intéresse aux
femmes en général et c`est pourquoi
cette relation n`a pas de chance à
durer. Marc est défini de façon
simple, par son travail et son goût

Source :http ://solothurnerfilmtage.ch/downlo
ad/page/9681.jp

pour les femmes en deux plans seulement. Il est un jeune patron antipathique (il
n`est pas gentil envers ses employées), faux (ce qui montre l`achat de l`appartement
d`Odile- il sait que la belle vue d`Odile va être détruite), hypocrite, arrogant et
toujours pressé. (cf. ibid.)

5. Les costumes et le lieu

Les costumes contribuent à la caractérisation des personnages très clairement. Les vêtements d`Odile, pétillant par une couleur unique, le rouge vif, exception faite d'une robe Christian Dior multicolore dans la séquence finale, expriment son tempérament de feu. C`est presque toujours qu`elle porte des robes, des manteaux en rouge, même son tablier et son pyjama sont en rouge.Par contre, les vêtements de Camille sont toujours des couleurs sombres, le noir dominant. Même son sac à dos et son bonne sont en noir. Quant aux hommes, ils sont d`ordinaire en costume et en noir. Ce qu`on constate aussi, c`est que tous ceux qui ne se sentent pas a l`aise, portent plutôt des vêtements en noir. La plupart des scènes a lieu dans les intérieurs, comme le nouveau et le vieux appartement d`Odile. D`autres lieux en intérieur sont le bureau d`Odile, la bibliothèque, des cabinets des médecins, l`hôpital et un café. Le début commence à Paris et pendant le film des scènes dans la rue de Paris continuent.

6.) Bibliographie:

Bartosch Günter (1981), Die ganze Welt des Musicals. F. Englisch, Wiesbaden

Betzwieser Thomas (1997), Bekannte Gesichter, gemischte Stimmen. Die mediale Transformation der Vaudeville-Praxis in Alain Resnais' On connaît la chanson. Dans : Musiktheorie, p. 179-188.

Fahle Oliver (2008), Woher kommt das Lied? Alains Resnais' Das Leben ist ein Chanson. Dans: Glasenapp, Jörn & Lillge, Claudia (éd.), Die Filmkomödie der Gegenwart, Paderborn: Wilhelm Fink, p. 33-46.

Hartwig Susanne (2007), Comment lancer un tube avec des tubes? On connaît la chanson d'Alain Resnais.in Obergöker, Timo & Enderlein, Isabelle (ed.). La chanson française depuis 1945. Intertextualité et intermédialité (München : Martin Meidenbauer, 2008), p. 145-159.

6a.) Sources internet

Film Musical Francais (2006), http://www.film-musical.fr/, (accès : 23.7.2011)

G+J Entertainment Media GmbH & Co. KG (1998), Dans:
http://www.kino.de/kinofilm/das-leben-ist-ein-chanson/filmpreise/47193.html, (accès :
17.6.2011)

Internationale Filmfestspiele Berlin (1998), Dans: http://www.berlinale.de, (accès:
16.6.2011)

Moinerau Laurence, Dans : http://www.centreimages.fr/vocabulaire/, (accès :
23.7.2011)